I0217339

www.ingramcontent.com/pod-product-compliance
Lightning Source LLC
Chambersburg PA
CBHW031439040426
42444CB00006B/882
9781685683108

פרמאהנסה יוגאננדה

(1893–1952)

מאת
פרמאהנסה יוגאננדה

כיצד לדבר עם אלוהים

Self-Realization Fellowship
FOUNDED 1920 BY PARAMAHANSA YOGANANDA

אודות הספר: "כיצד לדבר עם אלוהים" מורכב משתי הרצאות שנשא פרמאהנסה יוגאננדה בשנת 1944 במקדשי ה- Self-Realization Fellowship שייסד בסן דייגו ובהוליווד, שם נהג לשאת דרשות מדי יום ראשון, לסירוגין. לעיתים, לאחר ששוחח על נושא מסוים באחד מבתי התפילה, הקדיש את הדרשה ביום ראשון שלאחר מכן בבית התפילה השני להיבטים שונים של אותו נושא. הרצאותיו לאורך השנים תועדו בכתב סטנוגרפי בידי שרי דאיה מאטה, אחת מחסידותיו הראשונות והמקורבות ביותר. "כיצד לדבר עם אלוהים" פורסם לראשונה בשנת 1957 ותורגם לשפות רבות.

הספר ראה אור באנגלית בהוצאה
Self-Realization Fellowship, לוס אנג'לס, קליפורניה
How You Can Talk with God

ISBN: 978-0-87612-160-3

תורגם לעברית על ידי Self-Realization Fellowship

Copyright © 2025 Self-Realization Fellowship

כל הזכויות שמורות. למעט ציטוטים קצרים בביקורות ספרים, אין לשכפל, להעתיק, לאחסן, להעביר או להציג כל חלק מהספר כיצד לדבר עם אלוהים (*How You Can Talk with God*) בכל צורה או בכל אמצעי (אלקטרוני, מכני או אחר) הידועים כיום או שיומצאו בעתיד – כולל צילום, הקלטה, או כל מערכת לאחסון ושליפה של מידע – ללא קבלת אישור בכתב מראש מ Self-Realization Fellowship, 3880 San Rafael Avenue, Los Angeles, California 90065-3219, U.S.A.

באישור מחלקת ההוצאה לאור הבינלאומית של
Self-Realization Fellowship

שם וסמל Self-Realization Fellowship לעיל מופיעים בכל הספרים, הקלטות ושאר פרסומים של SRF, ומהווים אישור לכך שהיצירה מקורה באגודה שהקים פרמאהנסה יוגאננדה הממשיכה בלימוד תורתו בנאמנות.

הוצאה ראשונה בעברית, 2025
First edition in Hebrew, 2025
מהדורה זו, 2025
This printing, 2025

ISBN: 978-1-68568-310-8

5086-J9073

תהילתו של אלוהים רבה. הוא אמיתי, וניתן למצוא אותו... בדממה ובעקביות, בצעדכם בשביל החיים, עליכם להגיע להבנה שאלוהים הוא הדבר היחיד, המטרה היחידה שתספק אתכם; שכן באלוהים טמונות התשובות לכל כמיהות הלב.

- פרמאהנסה יוגאננדה

כיצד לדבר עם אלוהים

קטעים מהרצאותיו של פרמאהנסה יוגאננדה
מה-19 וה-26 במרץ, 1944

לדבר עם אלוהים זו עובדה וודאית. בהודו הייתי בנוכחות קדושים בזמן שדברו עם האב שבשמיים. גם אתם יכולים לתקשר עמו – לא בשיחה חד-צדדית, אלא בשיחה אמיתית, שבה אתם מדברים עם אלוהים והוא עונה. כמובן, כל אחד יכול "לדבר" עם אלוהים. אך היום אני מדבר על האופן שבו נוכל לשכנע אותו לענות לנו.

מדוע שנטיל ספק? כתבי הקודש של העולם מלאים בתיאורים של שיחות בין אלוהים לאדם. אחד היפים שבהם מופיע בתנ"ך, בספר מלכים א', פרק ג', פסוקים 5-13: "בגבעון נראה יהוה אל שלמה בחלום הלילה; ויאמר אלוהים, שאל מה אתן לך. ויאמר שלמה... ונתת לעבדך לב שומע... ויאמר אלוהים אליו, יען אשר שאלת את הדבר הזה ולא שאלת לך ימים רבים ולא שאלת לך עושר ולא שאלת נפש אויביך ושאלת לך הבין לשמוע משפט: הנה עשיתי

כדבריך; הנה נתתי לך לב חכם ונבון...וגם אשר לא שאלת נתתי לך, גם עושר גם כבוד..."

גם דוד המלך שוחח עם אלוהים פעמים רבות, אפילו בעניינים יומיומיים: "וישאל דויד באלוהים לאמור: האעלה על פלשתים ונתתם בידי? ויאמר לו יהוה: עלה ונתתים בידך."[1]

אלוהים מונע רק מאהבה

האדם הממוצע מתפלל לאלוהים רק דרך השכל, ולא בכל להט ליבו. תפילות כאלה חלשות מכדי להביא תשובה כלשהי. עלינו לדבר אל הרוח האלוהית בביטחון ובתחושת קרבה, כמו אל אבא או אמא. הקשר שלנו עם אלוהים צריך להיות קשר של אהבה ללא תנאי. יותר מבכל מערכת יחסים אחרת, אנו יכולים באופן מוצדק וטבעי לדרוש מענה מהרוח האלוהית, בהיבט של האם האלוהית. אלוהים מוכרח לענות לתחינה כזו; שכן מהות האם היא אהבה וסליחה לילדה, לא משנה עד כמה גדול יהיה חטאו. הקשר בין אם לילדה הוא הצורה היפה ביותר של אהבה אנושית שאלוהים העניק לנו.

תפיסה מוחשית של אלוהים (למשל, כהאם האלוהית) היא חיונית, שכן בלעדיה לא ניתן לקבל מענה ברור.

1 דברי הימים א', יד':10

והדרישה למענה מהאל צריכה להיות עזה. תפילה בחצי אמונה אינה מספיקה. אם תחליטו: "הוא ידבר איתי"; אם תסרבו להאמין אחרת, גם אם עברו שנים רבות שבהן לא ענה לכם; אם תמשיכו לבטוח בו, יום יבוא והוא יענה.

כתבתי על כמה מהמקרים הרבים שבהם דברתי עם אלוהים ב"אוטוביוגרפיה של יוגי." ההתנסות הראשונה שלי בשמיעת קולו של האל התרחשה כאשר הייתי ילד קטן. בעודי יושב על מיטתי באחד הבקרים, שקעתי בחלימה בהקיץ עמוקה.

"מה קיים מאחורי החשכה של עיניים עצומות?" מחשבה חקרנית זו עלתה בעוצמה במוחי. הבזק אדיר של אור הופיע באחת לעיני רוחי. צורות אלוהיות של קדושים, ישובים במדיטציה במערות הרים, התהוו כסרט קולנוע זעיר על המסך הגדול הבוהק שבמצחי.

"מי אתם?" שאלתי בקול.

"אנחנו היוגים מההימלאיה." התשובה השמיימית הזו אינה ניתנת לתיאור; ליבי נמלא שמחה עילאית. החזון נעלם, אך קרני הכסף התפשטו במעגלים הולכים וגדלים לאינסוף.

"מהו הזוהר המופלא הזה?" שאלתי.

"אני אישוורה (אלוהים). אני אור." הקול נשמע כלחישת עננים.

אמי ואחותי הגדולה, רומה, היו לצידי בעת שחוויתי

את החוויה המוקדמת הזו, וגם הן שמעו את הקול האלוהי. שמחתי כל כך מתשובת אלוהים, שהחלטתי באותו הרגע לחפש אותו, עד שאהיה לאחד עמו.

רוב האנשים סבורים שאין אלא חשכה מאחורי עיניים עצומות. אך ככל שתתפתחו רוחנית ותתרכזו ב"עין היחידה" שבמצח, תגלו שהראיה הפנימית שלכם הולכת ונפתחת. עולם אחר יתגלה לפניכם, מלא אורות ויופי אדיר. חזיונות של קדושים, כמו אלו שראיתי של היוגים מההימלאיה, יופיעו לפניכם. וכאשר הריכוז שלכם יעמיק עוד יותר, תשמעו גם אתם את קולו של אלוהים.

שוב ושוב מספרים לנו הכתובים הקדושים על הבטחת האל לתקשר עמנו. "ובקשתם אותי ומצאתם כי תדרשני בכל לבבכם." - ירמיהו כט:13. "ה' עמכם בהיותכם עמו, ואם תדרשהו ימצא לכם ואם תעזבהו יעזוב אתכם." - דברי הימים ב' טו:2. "הנני עומד לפתח ודופק והיה כי ישמע איש לקולי ופתח הפתח אבוא אליו לסעוד עמו והוא עמדי." - חזון יוחנן ג:20.

אם תוכלו אפילו פעם אחת "לסעוד" עם אלוהים, לשבור את שתיקתו, הוא ידבר אתכם לעתים קרובות. אך בהתחלה זה קשה מאוד; לא קל להתיידד עם אלוהים, שכן הוא רוצה להיות בטוח שאתם באמת חפצים להכיר אותו. הוא מנסה את החסיד כדי לדעת אם רצונו בו או בדבר אחר. הוא לא ידבר איתכם עד שתשכנעו אותו שאין בליבכם שום

רצון אחר. מדוע שיגלה את עצמו, אם ליבכם מלא כמיהה רק למתנותיו?

מתנתו היחידה של האדם לאלוהים היא אהבתו

כל הבריאה מעוצבת כמבחן לאדם. על פי אופן ההתנהלות שלנו בעולם, אנו חושפים אם אנו רוצים את אלוהים או את מתנותיו. אלוהים לא יאמר לנו שעלינו לרצות אותו יותר מכל דבר אחר, שכן הוא משתוקק שאהבתנו תינתן לו מרצוננו החופשי, ללא "שכנועים". זה כל הסוד שבמשחק היקום הזה. מי שברא אותנו כמה לאהבתנו. הוא רוצה שניתן לו אותה מתוך ספונטניות, בלי שיבקש. אהבתנו היא הדבר היחיד שלא בבעלותו, אלא אם נבחר להעניק אותה. לכן, אתם מבינים - גם לאלוהים יש מה להשיג: אהבתנו. ולעולם לא נהיה מאושרים אלא אם נעניק אותה. כל עוד אנו כילדים סוררים, כננסים הזוחלים על פני כדור הארץ ובוכים למתנותיו, בעודנו מתעלמים ממנו - המעניק - ניפול שוב ושוב לבורות של אומללות.

מכיוון שאלוהים הוא מהות הווייתנו, איננו יכולים לבטא את עצמנו בשלמות עד שנלמד לגלם את נוכחותו בתוכנו. זו האמת. מאחר שאנו אלוהיים, חלק ממנו, איננו יכולים למצוא סיפוק מתמשך בדבר מה חומרי. "כלום לא

יגן עליך, כי לא גננות עלי."[2] עד שתמצאו שביעות רצון באלוהים עצמו, לא תמצאו סיפוק בשום דבר אחר.

האם אלוהים אישי או בלתי-אישי?

האם אלוהים אישי או בלתי-אישי? שיחה קצרה על נקודה זו עשויה לסייע לכם בניסיונותיכם לתקשר עמו. רבים אינם אוהבים לחשוב על אלוהים כעל ישות אישית. הם חשים שתפיסה אנתרופומורפית מגבילה מדי. הם מעדיפים לראות בו רוח בלתי-אישית, כל-יכולה, הכוח התבוני שמאחורי היקום.

אך אם הבורא שלנו הוא בלתי-אישי, מדוע יצר בני-אדם? אנחנו אישיים; לנו יש אינדיווידואליות. אנו חושבים, מרגישים, רוצים; ואלוהים לא רק נתן לנו את היכולת להבין מחשבות ורגשות של אחרים אלא גם להגיב להם. אלוהים ודאי אינו חסר את רוח ההדדיות שהוא עצמו נטע ביצוריו. כאשר אנו נאפשר זאת, אבינו שבשמים ייצור קשר אישי עם כל אחד ואחת מאיתנו.

כאשר אנו מהרהרים בהיבט הבלתי-אישי של אלוהים, אנו מקבלים את הרושם של ישות מרוחקת, שמקבלת את התפילות שלנו, מבלי להשיב להן; ישות שיודעת הכל,

2 "כלבא דשמיא", מאת פרנסיס תומפסון.

אך שומרת על שתיקה קרת-לב. אך זו טעות פילוסופית, שהרי אלוהים הוא הכל: גם אישי וגם בלתי-אישי. הוא יצר אנשים, בני-אדם. היוצר שלהם אינו יכול להיות בלתי-אישי לחלוטין.

המחשבה שאלוהים יכול להתגלם בצורת אדם, לבוא אלינו ולשוחח איתנו, ממלאת צורך עמוק בליבנו. מדוע הוא אינו עושה זאת עם כולם? רבים הם הקדושים ששמעו את קול האלוהים. מדוע אתם אינכם יכולים? "אתה, הו אלי, נסתר, בלתי-אישי, לא-נודע ובלתי-ניתן לידיעה; ובכל זאת אני מאמין שבעוצמת מסירותי אוכל 'לגבשך' אל תוך צורה." ניתן לשכנע את אלוהים להופיע בצורה אישית על ידי מסירות איתנה. אתם, כמו הקדוש פרנצ'סקוס מאסיזי וגדולים אחרים, יכולים לראות את גופו החי של ישו, אם תתפללו מעומק הלב. ישו היה התגלמות אישית של אלוהים. מי שיודע את ברהמה (אלוהים) הוא עצמו ברהמה. האם ישו לא אמר: "אני ואבי אחד אנחנו"?[3] גם סוואמי שנקרה הצהיר: "אני הרוח האלוהית" ו- "אתה הוא זה." יש בידינו את עדותם של נביאים גדולים רבים, שכל בני האדם נבראו בצלם אלוהי.

אני מקבל את רוב ידיעותיי מאלוהים, ולא מתוך ספרים. אני כמעט ואינני קורא. מה שאני מספר לכם הוא

---

[3] יוחנן י':30

מתפיסתי הישירה. זו הסיבה שאני מדבר מתוך סמכות, הסמכות של ראיית אמת בלתי-אמצעית. דעת העולם כולו עשויה להתנגד, אך הסמכות הנובעת מתפיסה ישירה תמיד תתקבל לבסוף.

משמעות "צלם אלוהים"

בתורה אנו קוראים: "כי בצלם אלוהים עשה את האדם."[4] אף אחד מעולם לא הסביר לגמרי באילו מובנים האדם הוא בצלם אלוהים. אלוהים הוא רוח; והאדם, בטבעו המהותי, גם כן רוח. זוהי המשמעות העיקרית של הפסוק המקראי, אך קיימים גם פירושים נכונים נוספים רבים.

כל גופו של האדם, וההכרה והתנועה בתוכו, הם ייצוג מיקרוקוסמי של אלוהים. בהכרה מצויות ידיעת הכל ונוכחות בכל. אתם יכולים, כהרף עין, לחשוב שאתם בכוכב הצפון או על מאדים. במחשבה אין פער ביניכם ובין כל דבר אחר. לכן, מעצם ההכרה שבאדם, ניתן לומר שהוא נברא בצלמו של אלוהים.

ההכרה מודעת לעצמה; היא חשה את עצמה באופן אינטואיטיבי. אלוהים, דרך ההכרה הקוסמית שלו, מודע לעצמו בכל אטום שבבריאה. "הלא תמכרנה שתי ציפורים

4 בראשית ט:6.

באיסר ואחת מהנה לא תיפול ארצה מבלעדי [הידיעה של] אביכם."[5]

גם לאדם יש כוח מולד של הכרה קוסמית, למרות שרק מעטים מפתחים אותו. גם לאדם יש רצון, שבאמצעותו הוא, כבוראו, יכול ליצור עולמות באופן מידי; אך מעטים מפתחים כוח זה הקיים בתוכם. בעלי החיים אינם יכולים להפעיל תבונה, אך האדם כן. כל התכונות שיש לאלוהים – תודעה, חשיבה, רצון, רגש, אהבה – מצויות גם באדם. בסגולות האלה ניתן לומר שהאדם נברא בצלמו של אלוהים.

גוף האדם אינו חומר אלא אנרגיה

האנרגיה שאנו חשים בגופנו מצביעה על קיומו של כוח גדול בהרבה מזה הנדרש רק כדי להפעיל את הרכב הפיזי האישי. הכוח של האנרגיה הקוסמית שמקיימת עולמות רוטט גם בגופנו. האנרגיה הקוסמית היא היבט אחד של אלוהים. לכן, אנו נבראנו בצלמו, גם מנקודת־המבט הפיזית.

מהי אותה אנרגיה שיש לנו בגוף? הצורה הפיזית שלנו בנויה ממולקולות, המולקולות בנויות מאטומים, האטומים בנויים מאלקטרונים, והאלקטרונים בנויים מכוח חיים או "חייטרונים" – אינספור מיליארדים של חלקיקי אנרגיה.

---

5 מתי י:29.

באמצעות העין הרוחנית ניתן לראות את הגוף כמסה של גרגירי אור נוצצים - האנרגיה הנובעת מעשרים ושבעה מיליארד התאים. רק האשליה גורמת לכם לראות את הגוף כבשר מוצק. במציאות הוא אינו חומר, אלא אנרגיה.

משום שאתם חושבים שאתם עשויים מבשר ודם, אתה מדמיינים לעיתים שאתם חלשים. אך אם תחוו את נוכחות האל בגופיכם, תבינו שהבשר אינו אלא התגלמות פיזית של חמשת היסודות הרוטטים: אדמה, מים, אש, אוויר ואתר.

חמשה יסודות אוניברסליים מרכיבים את גוף האדם

היקום כולו – שהוא גופו של אלוהים – בנוי מאותם חמשה יסודות שמרכיבים את גוף האדם. צורת הכוכב של גוף האדם מייצגת את הקרניים של אותם חמשה יסודות. הראש, שתי הידיים ושתי כפות הרגליים יוצרים את חמשת הקודקודים של הכוכב. לכן, גם בדרך זו, אנו עשויים בצלמו של אלוהים.

חמש אצבעות היד מייצגות גם הן את חמשת היסודות המרטטים של התבונה הקוסמית אשר מקיימת את מבנה הבריאה. האגודל מייצג את היסוד המרטט הגס ביותר, אדמה; לכן עוביו. האצבע המורה מייצגת את יסוד המים. האמה מייצגת את יסוד האש המתפרצת; לכן היא הארוכה מבין כולן. הקמיצה מייצגת אויר. הזרת מייצגת אתר, שהוא עדין במיוחד.

שפשוף כל אצבע מחיה את הכוח המסוים שהיא מייצגת. לכן, שפשוף האמה (המייצגת את יסוד האש) והטבור (הנמצא בצד הנגדי של המרכז הלומברי, או מרכז ה"אש", שמנהל את מערכת העיכול וההטמעה) יעזור להתגבר על בעיות העיכול.

אלוהים מגלם תנועה בבריאה. האדם פיתח רגליים וכפות רגליים כתוצאה מהדחף לבטא תנועה. אצבעות הרגליים הן התגשמות של חמשת קרני האנרגיה.

העיניים מגלמות את אלוהים האב, הבן ורוח הקודש באישון, בקשתית ובלבן העין. כאשר אתם מתרכזים בנקודה שבין הגבות, הזרמים שבשתי העיניים משתקפים כאור אחד ואז אתם רואים את העין הרוחנית. הגלגל האחד הזה הוא "עין האלוהים". פיתחנו שתי עיניים בגלל חוק היחסות השורר בעולם הדואלי שלנו. ישו אמר: "נר הגוף הוא העין ואם עינך היא תמימה כל גופך יאור."[6] אם נביט דרך העין הרוחנית, עינו האחת של אלוהים, נראה שכל הבריאה בנויה מיסוד אחד, אורו של אלוהים.

אחד עם אלוהים, אחד עם כוחו של אלוהים

במובן המוחלט, לאדם יש את כל הכוחות. אתם יכולים לשנות כל שתחפצו כאשר הכרתכם אחת עם הכרת אלוהים.

---

6 הבשורה על פי מתי ו':22.

ניתן להחליף או לשנות חלקי רכב לפי הצורך; אך לגרום לשינוי דומה בגוף הפיזי - זהו עניין מסובך יותר. המוח, השולט בכל התאים, הוא הגורם הבסיסי. כאשר אדם שולט במוחו לחלוטין, הוא יכול, לפי רצונו, להחליף או לשנות את תאי ואיברי גופו בכל עת שיחפוץ. לדוגמא: הוא יכול, רק על ידי המחשבה, לגרום לאטומי הגוף להשתנות וליצור סט שלם של שיניים חדשות. כאשר אדם מפותח רוחנית, קיימת שליטה מוחלטת על החומר.

אלוהים הוא רוח; הבלתי-אישי הוא בלתי-נראה. אך כאשר ברא את העולם הפיזי, הפך לאלוהים האב. מרגע שלקח על עצמו את תפקיד הבורא, הפך לאישי. הוא הפך לנראה: כל היקום הזה הוא גופו של אלוהים.

בהתגלמותו ככדור הארץ יש לו צד חיובי ושלילי - הקוטב הצפוני והדרומי. הכוכבים הם עיניו, הדשא והעצים הם שערותיו, והנחלים הם כלי הדם שלו. שאגת האוקיינוס, שירת העפרוני, בכיו של תינוק שזה עתה נולד, וכל יתר צלילי הבריאה הם קולו. זהו האל האישי. הלמות הלב מאחורי כל הלבבות הן פעימות האנרגיה הקוסמית שלו. הוא פוסע בעשרים ושישה מאות מיליוני זוגות רגליים של האנושות. הוא עובד דרך כל הידיים. ההכרה האלוהית האחת היא זו שמתגלמת בכל המוחות.

בעקבות חוק המשיכה והדחייה של אלוהים, התאים בגוף האדם מוחזקים יחד בהרמוניה כפי שהכוכבים נשמרים

באיזון במסלולם המדויק. האל השורר-בכל תמיד פעיל; אין מקום שבו לא מתקיימת צורת חיים כלשהי. בשפע אינסופי אלוהים מקרין ללא הרף צורות משתנות- התגלמויות אינסופיות של האנרגיה הקוסמית שלו.

לרוח האלוהית הייתה תבנית או כוונה מסוימת כשהיא בראה. ראשית היא הקרינה החוצה את היקום כולו ואז בראה את האדם. כאשר אלוהים יצר לעצמו גוף פיזי של מערכות פלנטריות הוא ביטא שלושה היבטים: הכרה קוסמית, אנרגיה קוסמית, ומסה או חומר קוסמי.

שלושת אלה מקבילים בהתאמה לגוף האידאי או הסיבתי של האדם, לגוף האסטרלי או האנרגטי, ולגוף הפיזי. והנשמה או החיים שמאחוריהם היא הרוח האלוהית.

הרוח מתגלמת במקרוקוסמוס כהכרה קוסמית, אנרגיה קוסמית, וגוף של עולמות; ובמיקרוקוסמוס כהכרה אנושית, אנרגיה אנושית וגוף אנושי. שוב אנו רואים שהאדם אכן נברא בצלם אלוהי.

אלוהים "מדבר" דרך רטטים

אלוהים כן מופיע לנו בצורה פיזית. הוא הרבה יותר אישי ממה שאתם מסוגלים לדמיין. הוא ממשי ומוחשי בדיוק כמוכם. זה מה שאני רוצה לספר לכם היום. אלוהים עונה לנו כל הזמן. רטטי מחשבותיו נשלחים ללא הרף; זה דורש אנרגיה;

האנרגיה מתבטאת כצליל. זו נקודה מהותית מאוד. אלוהים הוא הכרה. אלוהים הוא אנרגיה. "לדבר" משמעו לרטוט. ברטט האנרגיה הקוסמית שלו הוא מדבר תמיד. הוא הפך לאם הבריאה המגלמת את עצמה כמוצק, נוזל, אש, אויר ואתר.

האם האלוהית הנסתרת מבטאת את עצמה ללא הרף בצורות הנראות – בפרחים, בהרים, בימים ובכוכבים. מהו חומר? בסך הכל תדר מסוים של רטט מתוך האנרגיה הקוסמית של אלוהים. אף צורה ביקום אינה באמת מוצקה. מה שנראה לעינינו כמוצק הוא למעשה רטט מצומצם או גס של האנרגיה האלוהית. אלוהים מדבר אלינו דרך רטטים. אך השאלה היא, כיצד לתקשר ישירות עמו? זה ההישג הקשה ביותר: לדבר עם אלוהים.

אם תדברו להר, הוא לא יענה. דברו אל פרחים, כמו שעשה לות'ר ברבנק, ואולי תרגישו שהם עונים במידת-מה. כמובן שאנו יכולים לדבר עם אנשים אחרים. אך האם אלוהים פחות תגובתי מפרחים ובני-אדם, נותן לנו להמשיך לדבר אליו ומסרב לענות לנו? זה נראה כך, נכון? הבעיה אינה בו אלא בנו. מערכת הטלפון האינטואיטיבית שלנו מקולקלת. אלוהים אכן קורא לנו ומדבר אלינו, אך איננו שומעים אותו.

הרטט הקוסמי "מדבר" בכל השפות

אבל קדושים כן שומעים אותו. בכל פעם שאחד המאסטרים שהכרתי התפלל, נדמה היה שתשובת האל

מאת ג'אגאנאת (קליאנה-קלפאטרו)

האם האלוהית

אלוהים בהיבט האם האלוהית מיוצג באמנות ההינדית כאישה בעלת ארבע ידיים. יד אחת מורמת, מסמלת ברכה אוניברסלית; בשלוש הידיים האחרות היא מחזיקה חרוזי תפילה, סמל למסירות; דפים מכתבי הקודש, סמל ללמידה ולחוכמה; וצנצנת מים קדושים, סמל לטוהר.

בוקעת מהשמים. אלוהים אינו זקוק לגרון כדי לדבר. אם תתפללו בעוצמה אמיתית, רטטי תפילותיכם יזכו לתשובה מידית מרטטת. התשובה תבוא בשפה שאתם רגילים אליה. אם תתפללו בגרמנית תשמעו את התשובה בגרמנית. אם תדברו באנגלית תשמעו את התשובה באנגלית.

מקורם של רטטי השפות השונות הוא ברטט הקוסמי. אלוהים, בהיותו הרטט הקוסמי, יודע את כל השפות. מהי שפה? רטט מסוים. מהו רטט? אנרגיה מסוימת. ומהי אנרגיה? מחשבה מסוימת.

אף על פי שאלוהים שומע את כל תפילותינו, הוא לא תמיד עונה. מצבנו דומה לילד הקורא לאמו, אך האם אינה סבורה שעליה לבוא. במקום זאת, היא מביאה לו צעצוע כדי להרגיעו. אך כשהילד מסרב להירגע מכל דבר שאינו נוכחות אמו, אז היא באה. אם אתם רוצים להכיר את אלוהים, היו כתינוק השובב שאינו חדל לבכות עד שאמו מגיעה.

אם אתם מחליטים לעולם לא להפסיק לקרוא לה, האם האלוהית תדבר אתכם. לא משנה עד כמה היא עסוקה בעבודות הבית של הבריאה, אם תמשיכו לבכות, היא תדבר. הכתבים ההינדיים מספרים לנו שאם החסיד מדבר אל אלוהים יום ולילה שלמים, ללא הפוגה ובמסירות עמוקה, אלוהים יענה. אך כמה מעטים עושים זאת! כל יום יש לכם "משימות חשובות" - "השטן" שמרחיק אתכם מאלוהים. אלוהים לא יבוא אם תאמרו תפילה קטנה ואז מיד תתחילו

לחשוב על דבר אחר; או אם תתפללו כך: "אבא שבשמים, אני קורא לך, אבל אני נורא עייף. אמן." פאולוס הקדוש אמר: "התמידו בתפילה."[7]

איוב הסבלני ניהל שיחות ארוכות עם אלוהים. איוב אמר לו: "שמע נא ואנוכי אדבר; אשאלך והודיעני. לשמע אוזן שמעתיך ועתה עיני ראתך."[8]

כאשר מאהב מצהיר על מסירותו בצורה מכנית, אהובתו יודעת שמילותיו אינן כנות; היא "שומעת" את מה שבאמת בליבו. כך גם כשחסידי אלוהים מתפללים אליו, הוא יודע אם ליבם ומוחם ריקים ממסירות ואם מחשבותיהם מרצדות בפראות לכל עבר; הוא לא עונה לקריאות לא כנות. אך לחסידים המתפללים ומדברים אליו יומם וליל בעוצמה רבה, הוא מופיע. לחסידים כאלה הוא תמיד בא.

אל תהיו מרוצים מפחות מהנעלה ביותר

אל תבזבזו את זמנכם בחיפוש אחר זוטות. כמובן, קל יותר להשיג מתנות אחרות מאלוהים מאשר את המתנה הנעלה – הוא עצמו. אך אל תהיו מרוצים מפחות מהנעלה

---

7 הראשונה אל התסלוניקים ה':17.
8 איוב מב':4–5.

ביותר. לא אכפת לי מהמתנות שהגיעו אלי מאלוהים, אלא רק מהעובדה שאני רואה מאחוריהן את הנותן. מדוע התגשמו כל רצונותיי? משום שאני צולל עמוק; ישירות לאלוהים. אני רואה אותו בכל היבט של הבריאה. הוא אבינו; הקרוב מהקרובים, היקר מהיקרים, ממשי יותר מכל אחד אחר. הוא גם בלתי ניתן לידיעה ועם זאת ניתן לידיעה.

אלוהים קורא לכם. הוא רוצה שתחזרו אליו. זוהי זכותכם המולדת. יום אחד תאלצו לעזוב את פני האדמה; זה איננו ביתכם הקבוע. החיים על פני האדמה הם לא יותר מבית ספר שאלוהים הציב אותנו בו כדי לראות כיצד נתנהג; זה הכל. לפני שיגלה את עצמו, אלוהים רוצה לדעת אם אנחנו כמהים לתהילת העולם הנוצצת או אם רכשנו תבונה מספקת לומר:

"אלוהים, נמאס לי מכל זה. איני רוצה דבר מלבד לדבר איתך. אני יודע שאתה הדבר היחיד שהוא באמת שלי. אתה תהיה איתי כשכל הייתר ייעלמו."

בני-אדם מחפשים אושר בנישואין, בכסף, ביין, וכיוצא באלה; אך אנשים כאלה הם בובות בידי הגורל. כשההבנה הזו מושגת, מוצאים את המטרה האמיתית בחיים ובאופן טבעי מתחילים לחפש את אלוהים.

עלינו לתבוע את ירושתנו האלוהית. ככל שאנו פחות אנוכיים, כך ננסה לשמח אחרים וניטה לחשוב יותר על אלוהים. וככל שאנו חושבים על מטרות ארציות ותשוקות

אנושיות, כך אושר הנשמה שלנו הולך ומתרחק מאיתנו. לא שמו אותנו פה בשביל לחבוש בבוץ החושים ולהיצרב בכאב בכל פנייה. מה שמן העולם הוא רע שכן הוא מדכא את אושרה העילאי של הנשמה. השמחה הגדולה ביותר באה כאשר המוח שקוע כולו במחשבות על אלוהים.

מדוע לדחות שמחה?

מדוע אינכם מביטים קדימה? מדוע נדמה לכם שזוטות החיים כה חשובות? רוב האנשים מתרכזים בארוחת הבוקר, הצהרים והערב, בעבודה, בפעילויות חברתיות, ועוד. הפכו את חייכם לפשוטים יותר ורכזו את כל תשומת ליבכם באלוהים. העולם הזה הוא הכנה לשובנו לאלוהים. הוא מבקש לראות אם נאהב אותו יותר ממתנותיו. הוא האב, וכולנו ילדיו. יש לו הזכות לאהבתנו ולנו יש את הזכות לאהבתו. צרותינו נובעות משום שאנו מזניחים אותו. אך הוא תמיד ממתין.

הלוואי והיה נוטע בנו מעט יותר תבונה. יש לנו את החופש להרחיק מעלינו את אלוהים או לקבל אותו. והנה אנו מתחננים, מתחננים, מתחננים לקצת כסף, קצת אושר, קצת אהבה. מדוע לבקש דברים שיום אחד בהכרח יילקחו מכם? עד מתי תמשיכו להתאונן על כסף, חולי וקשיים? אחזו באינסוף ובממלכת אלוהים! זה הדבר שאתם באמת רוצים.

מלכות שמים מונחת על כף המאזניים

הקדושים מעודדים אי-היקשרות, כדי שלא תימנע מאיתנו האפשרות להשיג את מלכות אלוהים במלואה רק מפני שנקשרנו בעוז לדבר חומרי אחד. פרישות אין משמעה ויתור על הכל; משמעה ויתור על הנאות קטנות למען אושר עילאי נצחי. אלוהים מדבר אליכם כאשר אתם עובדים למענו, ועליכם לדבר עמו ללא הרף. ספרו לו כל מחשבה שעולה בעיני רוחכם. ואמרו לו: "אלוהים, גלה את עצמך, גלה את עצמך." תסרבו לקבל שתיקה כתשובה. בתחילה הוא ישיב בכך שייתן לכם משהו שרציתם, כדי להראות לכם שאתם זוכים לתשומת ליבו. אבל אל תסתפקו במתנותיו. תבהירו לו שלעולם לא תהיו מרוצים אלא אם יהיה לכם אותו עצמו. לבסוף הוא ישיב. אולי תראו בחיזיון פנים של ישות קדושה כלשהי, או שתשמעו קול אלוהי מדבר אליכם; ותדעו שאתם בשיח עם אלוהים.

לשדל אותו להעניק את עצמו דורש להט עקבי ומתמשך. אף אחד אינו יכול ללמד אתכם להט כזה. עליכם לפתח אותו בעצמכם. "ניתן להוביל סוס אל השוקת אך אי אפשר להכריח אותו לשתות." אך כאשר הסוס צמא הוא מחפש מים בלהט. עם כך, כשיתעורר בכם צמא עז לאלוהים, כאשר לא תייחסו חשיבות יתרה לדברים אחרים - לניסיונות העולם או לניסיונות הגוף - אז הוא יופיע. זכרו, כשקריאת הלב שלכם תהיה עזה, כאשר אתם לא תקבלו שום תירוץ, אז הוא יגיע.

עליכם להסיר ממוחכם כל ספק שאלוהים לא יענה. רוב בני האדם אינם מקבלים מענה בשל חוסר אמונתם. אם אתם נחושים באמת להשיג דבר מה, דבר לא יוכל לעצור בעדכם. רק כאשר אתם מוותרים אתם כותבים את גזר הדין נגדכם. אדם מצליח אינו מכיר את המושג "בלתי-אפשרי".

אמונה היא כוחו הבלתי מוגבל של אלוהים בתוככם. אלוהים יודע דרך הכרתו שהוא ברא את הכל; לכן אמונה משמעותה ידיעה וביטחון עמוק בכך שנבראנו בצלמו של אלוהים. כאשר אנו מתכווננים להכרתו שבתוכנו, אנו יכולים לברוא עולמות. זכרו, בכוח הרצון שלכם קיים כוחו האדיר של אלוהים. כאשר צרות רבות פוקדות אתכם ואתם מסרבים לוותר על אף הכל; כאשר המוח "נחוש", אז תגלו שאלוהים משיב לכם.

אלוהים, בהיותו הרטט הקוסמי, הוא "הדבר". אלוהים כ-"הדבר" מהמהם בכל האטומים. חסידים העושים מדיטציה עמוקה יכולים לשמוע את המוזיקה שנובעת מהיקום. עכשיו, ברגע זה, אני שומע את קולו. הצליל הקוסמי[9] הנשמע במדיטציה הוא קולו של אלוהים. הצליל הזה מתרגם את עצמו לשפה המובנת לכם. כאשר אני מאזין לאום ולעיתים מבקש את אלוהים לומר לי משהו, צליל האום משתנה לשפה האנגלית או הבנגלית ונותן לי הוראות מדויקות.

9 אום, הרטט הקוסמי המודע, והאינטליגנטי או רוח הקודש.

אלוהים מדבר לאדם גם דרך האינטואיציה שלו. אם תלמדו כיצד להקשיב[10] לרטט הקוסמי קל יותר יהיה לשמוע את קולו. אך גם אם רק תתפללו לאלוהים דרך האתר, אם כוח הרצון שלכם חזק מספיק, האתר יענה בקולו. הוא מדבר אתכם תמיד ואומר:

"קראו לי, דברו אליי מעומק ליבכם, מליבת מהותכם, מעומק נשמתכם, בהתעקשות, בהוד, בנחישות, עם החלטה איתנה בליבכם שתמשיכו לחפש אותי, לא משנה כמה פעמים לא אענה. אם תלחשו לי שוב ושוב בליבכם: 'הו אהובי השותק, דבר אליי,' אני אבוא אליכם, חסידיי."

אם תקבלו פעם אחת תשובה לעולם לא תרגישו נפרדים ממנו שוב. החוויה האלוהית תישאר עמכם תמיד. אך "הפעם האחת" הזו קשה להשגה, מפני שהלב והמוח לא משוכנעים; הספק זוחל פנימה בגלל האמונות החומריות הקודמות שלנו.

אלוהים עונה ללחישות ליבם של חסידים אמיתיים

אלוהים יענה לכל אדם, ללא הבדל במעמד, אמונה או צבע. ישנה אמרה בבנגלית שאם תקראו לאלוהים מתוך

---

10 דרך טכניקה קדושה עתיקה שניתן ללמוד בשיעורי Self-Realization Fellowship.

קריאה נשמתית בהיבט האם האלוהית, היא לא תוכל להישאר דוממה. היא תהיה מוכרחה לדבר. יפהפה, לא?

חשבו על כל הדברים שהגיעו אליי היום ושחלקתי עמכם. לעולם אל תטילו שוב ספק בכך שאלוהים יענה לכם, אם תהיו עקביים ונחושים בדרשותיכם. "וידבר אדוני אל משה פנים אל פנים. כאשר ידבר איש אל רעהו."[11]

---

11 שמות לג':11.

אודות המחבר

"אידיאל אהבת האל ושרות המין האנושי בא לידי ביטוי עמוק בחייו של פרמאהנסה יוגאננדה ... למרות שמרבית חייו עברו עליו מחוץ לגבולות הודו, שמור לו מקום של כבוד בקרב קדושיה הגדולים. פועלו ממשיך להתפתח ולהאיר ביתר שאת, ולקרב אנשים מכל העולם לנתיב המסע הרוחני."

– מתוך עלון זיכרון שפרסמה ממשלת הודו בעת הנפקת בול זיכרון לכבודו של פרמאהנסה יוגאננדה ביום השנה העשרים וחמישי למהסמדהי שלו.

נולד בהודו ב-5 בינואר, 1893, פרמאהנסה יוגאננדה הקדיש חייו לעזור לאנשים מכל הגזעים והאמונות השונות לממש ולהביע בחייהם את היופי, האצילות והאלוהות האמיתית של הרוח האנושית בצורה מלאה יותר.

לאחר שסיים את לימודיו באוניברסיטת כלכותה בשנת 1915, שרי יוגאננדה נדר שבועות רשמיות כנזיר של מסדר הסוואמי הנזירי המכובד של הודו. שנתיים לאחר מכן, הוא החל את מפעל חייו עם ייסוד בית הספר "כיצד לחיות" – שמאז גדל לעשרים ואחד מוסדות חינוכיים ברחבי הודו – מקום בו נושאים אקדמאים מסורתיים הוצעו יחד עם אימון והדרכת יוגה באידיאלים רוחניים. בשנת 1920, הוזמן לשמש כנציגה של הודו בקונגרס בינלאומי של דתיים ליברלים בבוסטון. נאומו בקונגרס והרצאותיו הנוספות לאחר מכן בחוף המזרחי התקבלו בהתלהבות רבה, ובשנת 1924 הוא יצא לסיור נאומים חוצה יבשות.

במהלך שלושת העשורים הבאים, פרמאהנסה יוגאננדה תרם בדרכים מרחיקות לכת להכרת והערכת המערב בצורה נרחבת יותר בחוכמה הרוחנית של המזרח. בלוס אנג'לס, הוא הקים את המטה

הבינלאומי של Self-Realization Fellowship - החברה הדתית הלא מגזרית שהקים ב- 1920. דרך כתביו, סיורי הרצאות נרחבים והקמת בתי תפילה ומרכזי מדיטציה רבים של Self-Realization Fellowship, הוא הביא לאלפי שוחרי-אמת את המדע והפילוסופיה העתיקים של היוגה ואת שיטות המדיטציה האוניברסליות שלה הניתנות ליישום.

כיום פועלו הרוחני וההומניטרי ממשיך בניהולו של אח צ'ידאננדה, נשיא Self-Realization Fellowship/Yogoda Satsanga של הודו. בנוסף לפרסום כתביו, הרצאותיו ושיחותיו הבלתי פורמליים (כולל סדרה מקיפה של שיעורים ללימוד בייתי), הארגון גם מפקח על בתי תפילה, ריטריטים ומרכזים ברחבי העולם; קהילות נזירים של Self-Realizaion Fellowship; ומעגל תפילה עולמי.

במאמר על חייו ומפעלו של שרי יוגאננדה, ד"ר קווינסי האו ג'וניור, פרופסור לשפות קדומות במכללת סקריפס, כתב: "פרמאהנסה יוגאננדה הביא למערב לא רק את ההבטחה הנצחית של הודו להכרת אלוהים, אלא גם שיטה מעשית שבאמצעותה מחפשי דרך רוחניים מכל תחומי החיים עשויים להתקדם במהירות לעבר המטרה הזו. במקור, מוערכת במערב רק ברמה הנעלה והמופשטת ביותר, כיום, המורשת הרוחנית של הודו נגישה כתרגול וחוויה לכל מי ששואף לדעת את אלוהים, לא במעבר, אלא כאן ועכשיו ... יוגאננדה הניח בהישג יד את שיטות ההתבוננות הנעלות ביותר."

מטרות ואידאלים
של
Self-Realization Fellowship

כפי שנקבעו על ידי פרמאהנסה יוגאננדה, מייסד
אח צ'ידאננדה, נשיא

ליידע את האומות בטכניקות המדעיות המדויקות להשגת חוויה אישית ישירה של האל.

ללמד שמטרת החיים הינה לקדם, דרך מאמץ אישי, את מודעותו המוגבלת של בן התמותה למודעות אלוהית, להקים לשם כך מקדשי SRF לאיחוד עם האל ברחבי העולם, ולעודד הקמת מקדשים פרטיים בבתי בני האדם ובליבם.

לחשוף את האחדות וההרמוניה המוחלטת השוררות בין הנצרות המקורית כפי שהורה אותה ישו לבין היוגה המקורית שהורה בהגוואן קרישנה, ולהראות שאמיתות אלו עומדות בבסיס המדעי של כל האמונות.

להורות את דרך המלך השמיימית אליה מוליכים בסופו של דבר נתיבי כל אמונות האמת: דרך המלך של מדיטציה יומיומית, מדעית ודבקה באל.

לשחרר את האדם מסבלו המשולש: מחלות הגוף, תלאובות הנפש ובורות רוחנית.

לעודד "חיים פשוטים וחשיבה נעלה" ולהפיץ אחווה בין בני האדם דרך לימוד הבסיס הנצחי של אחדותם: אחווה עם האל.

להוכיח את עליונות המוח על הגוף, והנשמה על המוח.

לגבור על הרע באמצעות טוב, על הצער באמצעות שמחה, על אכזריות באמצעות נדיבות, על בורות באמצעות חוכמה.
לאחד בין המדע לדת דרך הכרת האחדות המשותפת לעקרונותיהם.
לעודד שיתוף פעולה תרבותי ורוחני בין מזרח למערב וחילופי מאפיינים חיוביים.
לשרת את האנושות כביטוי מורחב של האני.

ספרים בעברית
מאת
פרמאהנסה יוגאננדה

ניתנים לרכישה ב www.srfbooks.org
ובחנויות ספרים מקוונות נוספות

אוטוביוגרפיה של יוגי

חוק ההצלחה

מדיטציות מטאפיזיות

מדע הדת

אמרות מאת פרמאהנסה יוגאננדה

כיצד לדבר עם אלוהים

הקשר בין הגורו לתלמיד

ספרים באנגלית
מאת
פרמאהנסה יוגאננדה

ניתנים לרכישה בחנויות ספרים או הישר מההוצאה ב-
www.SRFbooks.org

Autobiography of a Yogi

The Second Coming of Christ:
The Resurrection of the Christ Within You

God Talks with Arjuna: The Bhagavad Gita
−A New Translation and Commentary

The Collected Talks and Essays
Volume I: Man's Eternal Quest
Volume II: The Divine Romance
Volume III: Journey to Self-Realization
Volume IV: Solving the Mystery of Life

Wine of the Mystic:
The Rubaiyat of Omar Khayyam
– A Spiritual Interpretation

Where There Is Light:
Insight and Inspiration for Meeting Life's Challenges

Whispers from Eternity

The Science of Religion

The Yoga of the Bhagavad Gita:
An Introduction to India's Universal Science of God-Realization

The Yoga of Jesus:
Understanding the Hidden Teachings of the Gospels

In the Sanctuary of the Soul:
A Guide to Effective Prayer

Inner Peace:
How to Be Calmly Active and Actively Calm

To Be Victorious in Life

Why God Permits Evil and How to Rise Above It

Living Fearlessly:
Bringing Out Your Inner Soul Strength

How You Can Talk With God

Metaphysical Meditations

Scientific Healing Affirmations

Sayings of Paramahansa Yogananda

Songs of the Soul

The Law of Success

Cosmic Chants

קטלוג שלם של ספרים וקלטות אודיו/וידיאו - כולל קלטות ארכיון של פרמאהנסה יוגאננדה- זמין ב www.srfbooks.org

שיעורי
Self-Realization Fellowship

הנחיה והוראה אישית של פרמאהנסה יוגאננדה במדיטצית היוגה ובעקרונות החיים הרוחניים

פרמאהנסה יוגאננדה יצר סדרה זו ללימוד ביתי כדי לאפשר לכל המעוניין ללמוד ולתרגל את מדיטצית היוגה העתיקה המתוארת בספר – כולל מדע הקריה יוגה. ה-Lessons מספקים גם הנחיות מעשיות לחיי רווחה מאוזנים של הגוף, המוח והרוח.

Self-Realization Fellowship Lessons ניתנים תמורת עלות סמלית (כדי לכסות עלויות הדפסה ומשלוח). התלמידים זכאים להדרכה בתרגול ללא עלות מנזירי Self-Realization Fellowship.

למידע נוסף...

כדי לבקש את חבילת המידע המורחבת על השיעורים הניתנת ללא עלות, אנא בקרו באתר www.srflessons.org

Self-Realization Fellowship
3880 San Rafael Avenue • Los Angeles, CA 90065-3219
Tel +1 (323) 225-2471 • Fax +1 (323) 225-5088
www.yogananda.org